NICOLAS DUGAY
INGRID PETITJEAN

Caderno de exercícios para

desenvolver uma mentalidade de ganhador

Ilustrações de Jean Augagneur
Tradução de Clarissa Ribeiro

Petrópolis

© Éditions Jouvence S.A., 2015
Chemin du Guillon 20
Case1233 — Bernex
http://www.editions-jouvence.com
info@editions-jouvence.com

Tradução realizada a partir do original em francês intitulado *Petit cahier d'exercices pour développer un mental de gagnant*

Direitos de publicação em língua portuguesa — Brasil: 2022, Editora Vozes Ltda.
Rua Frei Luís, 100
25689-900 Petrópolis, RJ
www.vozes.com.br
Brasil

Todos os direitos reservados. Nenhuma parte desta obra poderá ser reproduzida ou transmitida por qualquer forma e/ou quaisquer meios (eletrônico ou mecânico, incluindo fotocópia e gravação) ou arquivada em qualquer sistema ou banco de dados sem permissão escrita da editora.

CONSELHO EDITORIAL

Diretor
Gilberto Gonçalves Garcia

Editores
Aline dos Santos Carneiro
Edrian Josué Pasini
Marilac Loraine Oleniki
Welder Lancieri Marchini

Conselheiros
Francisco Morás
Ludovico Garmus
Teobaldo Heidemann
Volney J. Berkenbrock

Secretário executivo
Leonardo A.R.T. dos Santos

Projeto gráfico: Éditions Jouvence
Arte-finalização: Sheilandre Desenv. Gráfico
Revisão Gráfica: Jaqueline Moreira
Capa/ilustração: Jean Augagneur
Arte-finalização: Editora Vozes

ISBN 978-65-5713-416-0 (Brasil)
ISBN 978-2-88911-665-2-1 (Suíça)

Este livro foi composto e impresso pela Editora Vozes Ltda.

Dados Internacionais de Catalogação na Publicação (CIP)
(Câmara Brasileira do Livro, SP, Brasil)

Dugay, Nicolas
    Caderno de exercícios para desenvolver uma mentalidade de ganhador / Nicolas Dugay, Ingrid Petitjean ; ilustrações Jean Augagneur ; tradução Clarissa Ribeiro. — Petrópolis, RJ : Editora Vozes, 2022. — (Coleção praticando o bem-estar)

    Título original: Petit cahier d'exercices pour développer un mental de gagnant
    ISBN 978-65-5713-416-0

    1. Autoconhecimento (Psicologia) 2. Autoestima 3. Autorrealização 4. Desenvolvimento pessoal 5. Desenvolvimento profissional 6. Sucesso I. Petitjean, Ingrid. II. Augagneur, Jean. III. Título IV. Série.

22-96751   CDD-155

Índices para catálogo sistemático:
1. Desenvolvimento : Psicologia   155
Maria Alice Ferreira - Bibliotecária - CRB-8/7964

Introdução

Você sonha em se aproximar da mentalidade dos melhores? Este livro é feito para você. Ele é baseado nos estudos mais recentes em matéria de mentalidade e em técnicas utilizadas por grandes dirigentes e atletas profissionais. Mas aliás, será que você já possui essa mentalidade de ganhador? Faça o seguinte teste.

Autodiagnóstico da mentalidade de ganhador

Você encontrará abaixo um quadro para realizar esse exercício. Nós propomos a você gastar cinco minutos e se transformar em um programador de mentalidade vencedora.

Quais seriam as boas práticas a serem adotadas para fabricar para si uma mentalidade de ganhador?

....

....

Se você passou algum tempo refletindo sobre essa questão, já entrou em uma lógica de preparação mental. Existem, na realidade, quinze razões para construir para si mesmo uma mentalidade de ganhador. Essas quinze razões, adotadas uma a uma, ou várias ao mesmo tempo, geram necessariamente variações com relação ao estado de espírito que você busca.

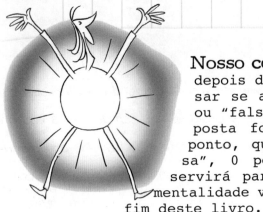

Nosso conselho de leitura:
depois de cada item, você pode pensar se a frase parece "verdadeira" ou "falsa" para você. Quando a resposta for "verdadeira", atribua 1 ponto, quando a resposta for "falsa", 0 ponto. Esse autodiagnóstico servirá para que você reconstrua uma mentalidade vencendo o método PREFERA ao fim deste livro.

	verdadeiro	falso
Eu tenho projetos pessoais.	___	___
Eu tenho um projeto profissional.	___	___
Eu domino meu entorno.	___	___
Eu tenho lazeres.	___	___
Eu me sinto em plena forma.	___	___
Eu tenho a impressão de aprender todos os dias.	___	___
Eu sou ativo diante de situações novas.	___	___
Eu aceito críticas facilmente.	___	___
Eu não me sinto quase nunca sobrecarregado.	___	___
Eu tenho com frequência a impressão de cumprir meus objetivos.	___	___
Eu saio bastante de casa.	___	___
Eu aceito meus erros.	___	___
Eu tenho o sentimento de ter muitas relações.	___	___
Eu ouso tentar coisas novas.	___	___
Eu não tenho nenhuma dificuldade em me concentrar por longos períodos.	___	___

Número de pontos: ....

Nível 1: você tem mais de 10 pontos

Você já possui uma mentalidade de campeão! De modo idêntico a um campeão fora do padrão, sua mentalidade de ganhador deve ser exercitada.

Nível 2: você tem entre 5 e 10 pontos
Você está na média de performance nacional. A realização de um plano dedicado pode fazer você se aproximar do nível 1.

Nível 3: você tem entre 0 e 5 pontos
Boa notícia! Você vai encontrar muitas pistas no método PREFERA do capítulo 3.

O que é a mentalidade?

Em sua opinião, o que é a mentalidade? Escreva abaixo as 5 palavras que vêm à sua cabeça.

-
-
-
-
-

A mentalidade
é o que se faz
dentro de nós.

Os domínios de aplicação são numerosos, diversificados e ilimitados. Controlar a preparação mental pode permitir que você:

➡ Se sinta bem com seu corpo a longo prazo.
➡ Administre a dor desviando sua atenção dessa dor.
➡ Melhore sua autoestima.
➡ Desenvolva sua capacidade de economizar suas forças no nível energético.
➡ Evite acumular tensões físicas e nervosas inúteis para viver melhor em períodos carregados.
➡ Administre melhor suas emoções.
➡ Administre seu stress e seja positivo em situações delicadas.
➡ Aceite seus erros.
➡ Identifique o que é essencial para seu equilíbrio: minha vida corresponde às minhas aspirações?
➡ Tenha novamente prazer em sua vida.

➡ Melhore sua eficácia social, inclusive na comunicação com os outros, mas sobretudo graças à melhora na gestão de suas próprias emoções.

➡ Tome distância das situações, adotando uma outra visão e descobrindo assim novas perspectivas.

➡ Se conheça para identificar os sinais precursores do cansaço (mental ou físico).

➡ Se torne disponível para o momento presente ou para a ação presente.

➡ Se concentre com eficácia.

Cinco exemplos concretos

1. Você vê este limão? Você fecha os olhos e imagina mordê-lo. Você sente seu gosto?

2. Pegue uma bolinha de papel e tente jogá-la na lixeira como no basquete, situando-se a 3 metros de distância. Você acertou? Idependentemente do resultado, recomece o mesmo exercício de olhos fechados... O resultado será idêntico, com margem de 5%.

3. Feche os olhos e tente pensar em um lugar que goste. Você sente bem-estar?

4. Você fecha os olhos e ouve sua canção ou música preferida. Você aprecia esse prazer?

5. Você fecha os olhos e sente um cheiro que aprecia particularmente (flores, o mar, um perfume, seu prato preferido...). Você sente bem-estar?

Por que isso funciona?

No primeiro exercício, o gosto do limão está inscrito no seu cérebro e o simples fato de visualizar seu gosto faz com que sinta sensações adaptadas a ele.

No segundo exercício, seu cérebro construiu as conexões para conseguir fazer o gesto adequado diante da lixeira.

No terceiro exercício, seu cérebro traz as emoções positivas que você aprecia, indo buscá-las em suas lembranças um prazer sentido, às vezes, há anos.

No quarto e no quinto exercícios, assim como para o gosto do limão, sons e cheiros estão inscritos em seu cérebro, e o simples fato de visualizá-los nos mergulha na sensação e na emoção associadas à situação.

Então, é possível se preparar para uma situação percebida como importante, se colocar em condições otimizadas para um encontro privado ou profissional. Mas é igualmente possível se colocar em "emoções positivas" ou ainda sentir através da mente um gosto, positivo ou negativo.

A mentalidade é o que se faz dentro de nós..

Capítulo 1:
Reconstruir suas razões de Ser

As razões de ser estão formalizadas na obra de Christian Target[1].

Exercício:

Instruções na página seguinte (fonte: Christian Target)

Centro de interesse	% de tempo	Em que aspecto isso é muito positivo para você? (palavras-chave)				
		1	2	3	4	5
		1	2	3	4	5
		1	2	3	4	5
		1	2	3	4	5

1. Christian Target, *La Bible de la préparation mentale* [A bíblia da preparação mental], Amphora, Paris, 2016.

Em que medida isso traz autonomia para você e só depende de você? (palavras-chave)					Reformule na primeira pessoa sua razão de ser	novo % de tempo
1	2	3	4	5		
1	2	3	4	5		
1	2	3	4	5		
1	2	3	4	5		

1. Liste na primeira coluna:

— seus atuais centros de interesse: todas as coisas que despertam seu interesse neste momento (exemplo: uma paixão por um esporte, pela arte...). Não há ordem.

— Os centros de interesse antigos que ajudaram em sua evolução, mas não existem mais hoje.

— Se existirem, as atividades que tomam seu tempo, mesmo que não sejam fundamentalmente um centro de interesse (exemplo: assistir televisão, um trabalho voltado somente para o sustento...)

2. Segunda coluna:

Avalie o tempo que você dispensa a cada centro de interesse. Pode ser 0, às vezes. A soma de tudo deve chegar a 100%.

3. Terceira coluna:

Descreva em que aspecto isso é positivo para você.

4. Quarta coluna:

Descreva em que medida você é autônomo na prática dessa atividade, e em que aspecto ela depende apenas de você. A autonomia não é sinônimo de independência, não se trata de fazer apenas atividades solitárias, mas de valorizar, mesmo quando se está interagindo com outras pessoas, a parte de autonomia que nós temos.

5. Você vai agora avaliar de 0 a 5 (envolvendo o número apropriado nas escalas de 1 a 5 do quadro):

— A qualidade do centro de interesse:
0 = uma atividade que não me faz crescer, eu não tenho nenhum prazer nisso, nenhum benefício.

5 = eu tenho muito prazer, eu me sinto bem e realizado quando eu me dedico a esse centro de interesse, eu tenho vontade de fazer isso.

— Sua autonomia em cada centro de interesse (com um círculo):

0 = eu não sou autônomo de modo algum, eu dependo sempre de elementos ou pessoas exteriores a mim.

5 = eu sou plenamente autônomo, sempre tomo a iniciativa.

IMPORTANTE: você deve ter terminado essas 5 primeiras etapas antes de continuar.

6. Você faz a média da autonomia e da qualidade e classifica novamente os centros de interesse na ordem das "notas" obtidas.

7. Talvez, ao longo deste trabalho, você já tenha suprimido algumas linhas. Você vai agora simbolizar cada centro de interesse com uma frase que vai representar sua razão de ser. É uma frase pessoal, que evoca para você um prazer, desejo. Exemplo: para um centro de interesse que seria a cozinha - "Eu sou criativo quando cozinho", "Cozinhar me diverte e estimula minha criatividade"...

Você está diante de suas razões de ser atuais, aqui estão algumas questões:

O que pensa do quadro que está diante de você? Alguns elementos interpelam você? Se sim, quais?

....

....

O que você diria sobre a coerência entre a nova classificação e o tempo passado em cada centro de interesse?

....

....

Quais são os pilares fortes, as coisas que você deseja continuar a fazer?

....

....

Esse trabalho pode tomar um pouco de tempo: ele é necessário e indispensável. Quanto mais você tem dificuldades para encontrar respostas, mais você vai buscar coisas profundas, por isso importantes para você.

Mudanças:

Indique novas porcentagens de tempo. E fixe objetivos para atingi-las.

Você vai agora fixar objetivos a curto, médio e longo prazo para viver uma vida que será plenamente satisfatória. Para cada razão de ser, estabeleça objetivos concretos, operacionais, que vão permitir que a razão de ser exista no cotidiano.

Na primeira coluna do quadro na página seguinte, lembre-se de suas razões de ser. Em seguida, fixe a escala tempo: quais períodos para o curto, médio e longo prazo (exemplo: prazo curto 6 meses, médio prazo 1 ano, longo prazo 5 anos)?

A escala tempo é pessoal, certas pessoas dão 20 anos para o longo prazo.

Você escreverá em seguida os objetivos que você se dá em diferentes domínios da vida.

Cada objetivo deverá estar ligado ao menos a uma razão de ser.

Por exemplo: eu tenho uma paixão pela cozinha, que é uma das minhas razões de ser. Eu poderia a curto prazo decidir testar 2 novas receitas por mês, convidar amigos para jantar uma vez por mês. A médio prazo, fazer um curso de cozinha. A longo prazo, participar de concursos.

OBJETIVOS

	Lembrete das razões de ser	Curto prazo Data:	Médio prazo Data:	Longo prazo Data:
Vida profissional				
Vida pessoal:				

Ainda há objetivos fixados por você que não corresponderiam a nenhuma razão de ser? Quais?

....

....

....

Se tal é o caso, isso pode corresponder a um período temporário, e ser eficaz a curto prazo. Mas objetivos não correlatos a uma razão de ser não se manteriam com o passar do tempo.

Como ter sucesso em seus objetivos? 80% dos objetivos do ano novo são abandonados; por que, segundo você?

....

....

....

Porque os objetivos são geralmente um pouco ambiciosos demais e, sobretudo, frequentemente não vêm acompanhados de um plano de ações progressivo. Como construir um plano de ações progressivo? Os dois exemplos abaixo ajudarão você a construir o seu.

Exemplo 1:

Etapa 1: *nós vamos escolher o jogo dos números e das letras, em especial dos números.; se nós pedíssemos que você fosse capaz de fazer de cabeça a multiplicação: 2.000.000 × 1,5%, você saberia fazê-la em menos de 30 segundos sem calculadora?*

Sim ☐ Não ☐

Etapa 2: *se nós explicássemos como fazer, você saberia fazê-la com mais rapidez? Você acha que poderia progredir?*

Sim ☐ Não ☐

Etapa 3: *se nós explicássemos como fazer, e se nós déssemos tempo para o treino, você acha que poderia progredir?*

Sim ☐ Não ☐

Etapa 4: *se nós descrevêssemos com precisão como os melhores calculam, dando a você todas as etapas, você progrediria?*

Sim ☐ Não ☐

Etapa 5: *para fazer 2.000.000 × 1,5%, é necessário ter ordens de grandeza na cabeça:*

1,5% de 100 = 1,5

1,5% de 1000 = 15

1,5% de 10 000 = 150

1,5% de 100 000 = 1500

1,5% de 1 000 000 = 15 000

Então 1,5% de 2 000 000 = 30 000

E se eu pedisse a você para fazer 2,5% de 2 000 000, você saberia fazê-lo em menos de 45 segundos?

....

Exemplo 2 - realizado com Denis Troch:

Etapa 1: *se nós perguntássemos a você em quanto tempo poderia percorrer 100 metros amanhã, qual seria sua resposta? Partamos do princípio que você não possui treinamento sobre o assunto e anotemos o resultado de base: 15 segundos. Nós estabelecemos voluntariamente números alcançáveis pela maioria de nós (!). Você pode anotar por si mesmo um outro tempo de base.*

....

Etapa 2: nós propomos a você treinar o exercício durante ao menos 2 meses. Ao fim de dois meses, se nós perguntássemos em quanto tempo você poderia correr 100 metros, qual seria sua resposta? Partamos do princípio que você teria progredido por você mesmo em resistência e em ritmo, atingindo 14,5 segundos, - 0,5 segundos, o que parece razoavelmente pessimista.

....
....

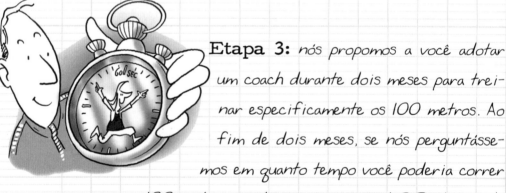

Etapa 3: nós propomos a você adotar um coach durante dois meses para treinar especificamente os 100 metros. Ao fim de dois meses, se nós perguntássemos em quanto tempo você poderia correr 100 metros, qual seria sua resposta? Partamos do princípio que você teria progredido nos níveis metodologia, técnica e resistência, atingindo 14 segundos, o que parece razoavelmente pessimista.

....
....

Etapa 4: Você trabalhou durante meses, sozinho depois com um coach. A partir de agora nós inscrevemos você em uma competição com concorrentes que vão estimular você. Se nós perguntássemos em quanto tempo você poderia correr 100 metros em competição, qual seria sua resposta? Partamos do princípio que você teria progredido, atingindo 13,9 segundos no quadro dessa competição... sabendo que se progride sempre em competição após um bom treino (-0,1 segundo... razoavelmente pessimista).

....

Etapa 5: depois dessa competição, nós propomos a você adotar um coach mental para gerir o stress e a pressão. Ele vai certamente ajudá-lo a progredir. Dois meses depois, nós inscrevemos você em uma segunda competição. Se nós perguntássemos em quanto tempo você poderia correr 100 metros nessa segunda competição, qual seria sua resposta? Partamos do princípio que você teria progredido, atingindo 13,8 segundos (- 0,1 segundo... razoavelmente pessimista).

....

Etapa 6: você se tornou um verdadeiro profissional dos 100 metros, em seu nível. Nós inscrevemos você em uma terceira competição em que, ao seu lado na largada, encontram-se um homem E uma mulher que realizam em média 13,8 segundos nos 100 metros. Se nós perguntássemos a você em quanto tempo poderia correr 100 metros nessa nova competição com pessoas de um nível equivalente ao seu, qual seria sua resposta? Partamos do princípio que você teria progredido (princípio de base da concorrência), atingindo 13,7 segundos (- 0,1 segundo... razoavelmente pessimista).

....

....

Etapa 7: nós inscrevemos você em uma quarta competição que acontecerá em sua cidade natal. Para essa ocasião, nosso sponsor forneceu a você um traje portentoso, com um tênis especialmente concebido para você. O estádio está cheio de espectadores, dentre os quais alguns são seus amigos, e até membros da família: você está "super motivado". Se nós perguntássemos a você em quanto tempo poderia correr 100 metros nessa última competição, qual seria sua resposta? Partamos do princípio que você teria progredido, atingindo 13,6 segundos (-0,1 segundo... razoa-velmente pessimista).

. . . .

. . . .

Etapa 8: *nós inscrevemos você em uma última competição, a quinta. Você teria se beneficiado com as 7 primeiras etapas. Resta a última. Se você bater seu recorde, você receberá um prêmio equivalente a, pura e simplesmente, um mês de salário! Se eu perguntasse a você em quanto tempo poderia correr 100 metros nessa última competição, qual seria sua resposta? Partamos do princípio que você teria progredido, atingindo 13,5 segundos (- 0,1 segundo... razoavelmente pessimista).*

. . . .

. . . .

Assim, ao fim de algumas semanas, você passou de 15 segundos para 13,5 segundos com números bastante pessimistas. Você progride então 10% pela via de um plano de ações específicas que nada tem a ver com a chance inicial, os genes dos 100 metros.

Capítulo 2:
Reconstruir seu amor próprio

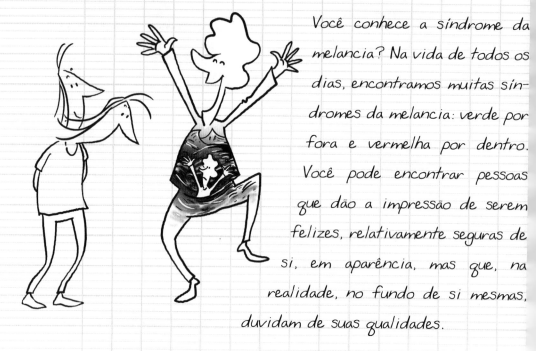

Você conhece a síndrome da melancia? Na vida de todos os dias, encontramos muitas síndromes da melancia: verde por fora e vermelha por dentro. Você pode encontrar pessoas que dão a impressão de serem felizes, relativamente seguras de si, em aparência, mas que, na realidade, no fundo de si mesmas, duvidam de suas qualidades.

Você se ama? Essa questão pode parecer paradoxal, contudo, ela é fundamental pois é difícil ter uma mentalidade de ganhador quando não se tem amor próprio. A ideia não é se pensar como alguém narcisista demais, pois o excesso de amor próprio gera um excesso de confiança em si mesmo que pode ser percebido como arrogância. Aliás, o excesso de amor próprio tem consequências nas relações com os outros pois, geralmente, detestamos pessoas apaixonadas por si mesmas. Preferimos pessoas apaixonadas por nós!

O amor próprio já depende da maneira como fomos amados desde o nascimento, desde nossa primeira infância. Hoje, a melhor maneira de reconstruir seu amor próprio é estar conectado com suas razões de ser do capítulo I.

Você faz aquilo que deseja e é bem sucedido nisso? Você se sente confortável com seus atos? Você tem orgulho da pessoa que se tornou?

....

....

E finalmente, quais qualidades você atribui a si mesmo?

....

....

Pergunte a seus amigos, pessoas próximas, colegas de trabalho, quais são suas principais qualidades: cada uma das 5 pessoas a quem você perguntar dirá suas três qualidades principais.

1 - _____ / _____ / _____

2 - _____ / _____ / _____

3 - _____ / _____ / _____

4 - _____ / _____ / _____

5 - _____ / _____ / _____

Exercício

O que você detestaria que dissessem sobre você?

....

....

....

....

Quais seriam as qualidades que você adoraria ter?

....

....

....

....

E quais ações você poderia fazer para ter essas qualidades? Exemplo: Eu amaria ser flexível. Ação: Aceitar propostas dos outros - Aceitar modificar sua organização - Parar de se irritar - Se concentrar no essencial e não no supérfluo.

....

....

....

....

Prática: imagine duas boas ações que você gostaria de fazer e que são correlatas a essas qualidades e faça-as na semana que vem.

As crenças

Todos nós temos crenças, isto é, ideias nas quais acreditamos com convicção, que consideramos corresponder à realidade e que condicionam nossos comportamentos e nossa maneira de perceber o mundo. Essas crenças podem concernir ao mundo em geral e a nós mesmos em particular. Elas podem ser positivas, caso em que elas trazem dinamismo, carregam-nos, dão-nos confiança. Quando elas são negativas, nos freiam e limitam.

Exemplos:

"Eu sou uma pessoa que não tem muita sorte."

"Não importa o que aconteça, eu sempre acabo encontrando uma solução."

"Hoje não é possível diminuir o desemprego."

"Os tempos de crise são excelentes momentos para comprar imóveis."

Às vezes, nós temos consciência de algumas crenças, porém o mais frequente é elas condicionarem nossos atos e percepções sem que tenhamos consciência disso. Tomar consciência de uma crença já é a primeira etapa do processo de desconstrução. A segunda etapa consistirá em substituí-la por uma crença positiva.

Esse trabalho é o que mais necessita da intervenção de uma pessoa de fora, para acompanhar a mudança. Mas você já pode, simplesmente, se colocar a questão para avançar, em seu ritmo, tomar consciência de seus próprios freios, mas também de suas forças.

Frequentemente, nós os identificamos graças a termos como "sempre", "nunca", generalizações...

1ª etapa: crenças limitadoras

Liste 3 crenças limitadoras que você tenha com relação a si mesmo:
Exemplo: "Eu nunca tenho sorte"

1 -
2 -
3 -

Agora, você vai substituir essa crença limitadora por uma frase que representaria a situação desejada. Não se trata necessariamente do oposto. Pode ser uma mudança de ponto de vista. De qualquer maneira, é uma frase que desestabiliza a crença limitadora e toma seu lugar.

Se tomarmos o exemplo de "eu nunca tenho sorte", poderíamos simplesmente colocar o oposto "eu tenho sorte". Às vezes, o contraste é grande demais e a pessoa tem dificuldade em assumi-lo. Nesse caso pode-se encontrar frases intermediárias. Por exemplo: "Eu sou observador e isso me permite ver as ocasiões de agarrar minha sorte." Essa frase é um pouco longa, podemos diminui-la para torná-la mais contundente. Por exemplo: "Eu observo, eu vejo, eu agarro minha sorte.". Ou ainda: "Eu agarro minha sorte"...

1 -
2 -
3 -

Encontrar seu "antídoto" pode levar algum tempo, você talvez precise modificá-lo. Você o procurará primeiro no papel, depois vai testá-lo em ação, repetindo na sua cabeça essa frase quando tiver necessidade, e ela evoluirá naturalmente, até encontrar uma frase ideal. A frase ideal é aquela que vem naturalmente, trazendo um sentimento positivo. Para dar outra dimensão a esse sentimento positivo, você pode associá-lo a uma situação positiva já vivida, em que ele fará sentido plenamente. Em nosso exemplo, seria uma situação na qual você soube agarrar sua sorte.

É bem provável que, na primeira leitura, você se diga que isso não é possível, pois você nunca teve sorte. É o princípio da crença. Isso prova, aliás, que se trata mesmo de uma crença. Após algumas semanas, você se colocará novamente a questão: qual situação positiva já vivida pode representar meu "antídoto"? Nesse momento, você já poderá responder.

Em resumo:

➡ Você lista três crenças limitadoras.

➡ Você encontra três antídotos positivos.

➡ Você vai, durante uma semana, focalizar em uma das crenças e se colocar na pele de alguém que aplica o antídoto. Em nosso exemplo, seria: durante uma semana, eu acredito que sou uma pessoa sortuda. Para ajudar você, diga a si mesmo regularmente a frase-antídoto.

➡ Você associa a frase-antídoto a uma situação já vivida que a ilustra, pela qual você tem um sentimento positivo.

➡ Você faz evoluir sua frase-antídoto quando for necessário.

➡ Quando você avançou o suficiente na primeira crença, você recomeça com as outras duas.

2ᵉ etapa: crenças dinamizadoras

Por que esse exercício? Nós construímos sobre uma base positiva. Essas crenças podem se tornar slogans que nos motivam, nos encorajam, nos dão confiança. Elas podem, aliás, ser às vezes antídotos para as crenças limitadoras.

1 -

2 -

3 -

Para cada crença, você vai associar uma situação vivida na qual a crença assume plenamente seu sentido, e você vai descrever essa situação:

Situação crença 1:

➡ Descrição da situação (2 linhas)

➡ Emoção / Sentimento durante a situação.

➡ Fontes de prazer (sensações): visual, auditiva, cinestésica.

Exemplo: crença positiva: "Não importa o que aconteça, eu encontro uma solução."

➡️ Descrição da situação: eu chego na escola de meu filho, que deveria sair às 15 horas segundo sua professora, mas que se atrasou 1 hora. Eu devo sair de férias às pressas e quero, então, evitar os engarrafamentos.

➡️ Emoção / Sentimento durante a situação: na hora, surpresa, e um pouco de irritação contra a professora. Mas rapidamente eu fico no estado de "procura de solução", e eu sinto algo como uma excitação, isso se torna um desafio. Eu me sinto como um "detetive" que procura a solução.

Fontes de prazer (sensações): visual, auditiva, cinestésica. A fonte de prazer é mais cinestésica, eu me sinto ao mesmo tempo calmo, dinâmico e lúcido. Eu estou relaxado e pronto para lançar-me. Auditivo: me digo interiormente as diferentes pistas. Isso acontece muito rápido. Visual: uma porta se abre.

Finalmente, eu relativizo me dizendo que uma hora de engarrafamento em 15 dias de férias não deve me irritar. Eu procuro um pouco para encontrar um caminho aceitável. Eu pego uma garrafa de água para antecipar a espera, que continua potencial. Não há razão para me sentir mal.

Capítulo 3:
desenvolver seu sucesso

"Eu não tenho sorte", "é sempre para mim que sobra", "quase deu certo, não fosse por dois segundos", "ele, com a condição que tem!": frequentemente tendemos a comparar a sorte e o sucesso, até a estimar que o sucesso se deve à sorte. Você pensa realmente que todas as ações bem-sucedidas se devem à sorte? Tomemos um pouco de distância.

O primeiro homem que caminha sobre a lua.
Sorte? Ou trabalho e talento?

O motorista que dirige por 50.000 km sem
acidente.
Sorte? Ou trabalho e talento?

O atleta mais rápido do mundo.
Sorte? Ou trabalho e talento?

O fato de ter terminado seu trabalho no
tempo previsto.
Sorte? Ou trabalho e talento?

Sendo razoáveis, pode-se dizer que a sorte existe, mas ela é sobretudo uma consequência do encontro entre trabalho e uma ocasião propícia.

Para conseguir fazer alguma coisa, a melhor solução é treinar para isso. Você acaba de fixar para si objetivos concernentes ao capítulo 2 deste livro. Então, vamos lá, treinemos.

1. Exercícios das duas boas ações

Você acaba de imaginar duas boas ações para realizar. Elas serão dois objetivos a serem realizados na semana que vem.

Do que você precisa para realizar essas ações? Faça uma lista.

- ....

- ....

- ....

O que poderia impedi-lo de realizar as ações? Se há elementos que se evidenciam, o que você pode fazer para antecipar e retirar de seu caminho essas armadilhas em potencial?

....

....

....

....

....

Organize seu plano de ação: escolha quando você realizará a ação, e planeje antes a preparação. Seja preciso, utilize uma agenda.

....
....
....

Aceitar mais facilmente a mudança, desenvolvendo ao mesmo tempo sua criatividade e modificando progressivamente seus hábitos?

Alguns são capazes de inventar coisas facilmente, outros, com mais dificuldade. É verdade que alguns têm mais talento para chegar lá, naturalmente, mas também é possível treinar... e então ter sucesso.

Exemplos:
Você abre sua geladeira, e com aquilo que encontra, você tenta elaborar duas refeições diferentes das que faz habitualmente.

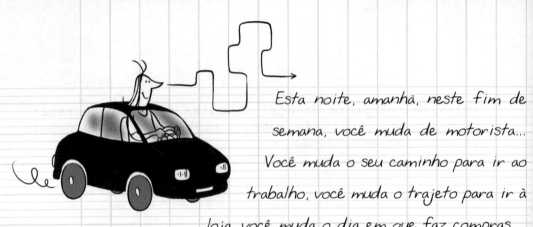

Esta noite, amanhã, neste fim de semana, você muda de motorista... Você muda o seu caminho para ir ao trabalho, você muda o trajeto para ir à loja, você muda o dia em que faz compras...

Você escolhe uma atividade ou um comportamento que você considera rotineiros demais e decide modificar isso. (Escolha algo em que o risco é mínimo.)

E se a gente treinasse?

Qual é a proporção entre o tempo de treino e o tempo de competição de um atleta de alto nível? Em outros termos, quantas horas um atleta passa treinando para 1 hora de competição? E você, quanto tempo você passa preparando seus prazos importantes? Por quanto tempo você treina para preparar sua conferência uma entrevista de emprego que seja importante, uma prova, uma reunião comercial decisiva...

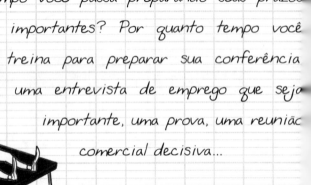

Mesmo que não se tenha estatísticas que a comprovem, nossa constatação é que os atletas passam muito mais tempo repetindo os exercícios fundamentais, treinando, para prepararem-se para seus prazos.

Então por que não se lançar na mesma dinâmica?

Escolha uma ação concreta que você deverá realizar em breve, de preferência uma ação que seja um desafio, para a qual você não tem ainda todas as ferramentas.

Se você tivesse que realizar a ação imediatamente, quais seriam suas forças? Quais seriam suas fraquezas? Quais seriam os pontos a melhorar que poderiam fazer a diferença?

Treine:

➤ Visualize mentalmente a ação futura a ser realizada. Você não visualiza o resultado atingido, mas a ação sendo realizada de maneira fluida. Você fará isso várias vezes e a cada vez você mudará elementos do contexto. É importante modificar ligeiramente o contexto a cada vez pois você não pode prever tudo, e é essencial permanecer aberto e adaptável no dia D.

➤ O trabalho de visualização será feito em paralelo ao treinamento real. Por exemplo, se tratando de uma conferência, você repetirá sua apresentação o quanto for necessário para se sentir à vontade. O controle da apresentação em si não deve ser uma fonte de stress. As fontes de stress ligadas ao contexto já serão importantes o suficiente e deverão ser administradas. Podemos ser fortes mentalmente, mas a mente não faz a mágica, não pode substituir as competências técnicas. Treine bastante suas competências técnicas

➤ Se o exercício for adequado para isso, encontre parceiros de treino. Você pode alternar os papéis para reproduzir os contextos da ação. Escolha pessoas em quem você confia o bastante e que saberão dar um retorno positivo. Mas, anteriormente, especifique para elas o que você espera. Um bom feedback deve ser factual, isto é, se apoiar em fatos observados durante o exercício, evidenciando pontos a melhorar, mas também os pontos positivos, e esses deverão ser equilibrados.

3. Lançar a ação

Como se faz para começar bem uma ação, para se sentir fluido desde o início?

Mihály Csikszentmihályi descreve que o estado de **flow** é um estado otimizado de motivação intrínseca, em que o indivíduo está inteiramente imerso em sua atividade. É um sentimento que todos podem experimentar, caracterizado por uma forte impressão de liberdade, de alegria, de realização e de competência, e durante o qual o tempo parece desaparecer[2].

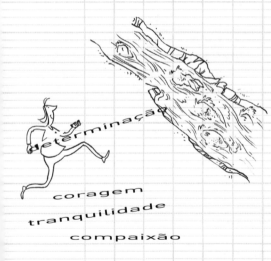

➡ **A emoção**

Trata-se de identificar, de saída, qual é a emoção adaptada à ação a ser realizada. Uma emoção positiva não é o suficiente, é necessário que ela seja adaptada à situação. Eu poderia, por exemplo, me sentir muito calmo e sereno, o que é muito agradável, mas não estaria, talvez, adaptado a uma situação na qual eu precisaria ser dinâmico.

---

2. Fonte: sua obra fundamental, Vivre: la psychologie du bonheur [Viver: a psicologia da felicidade]. Para se colocar nesse estado de fluidez, trata-se de estar na emoção boa, sem deixar de se concentrar na ação imediata ou que logo virá.

Exercício:

— Retome o objetivo fixado no exercício precedente, aquele pelo qual você treina.

— **Qual estado emocional parece ideal para ter sucesso na ação?**

— **Em que outra ação você já teve sucesso, estando em um estado emocional similar ou próximo ao desejado para esse novo objetivo?**

— Uma vez que você encontre essa situação já vivida, feche os olhos, coloque-se nela como se você a vivesse de novo, **explore suas diferentes fontes de prazer**, sempre permanecendo na ação, e não no resultado obtido no fim da ação. Faça esse exercício várias vezes, por exemplo 2 ou 3 vezes por semana durante duas semanas. Associe um slogan a essa situação, e identifique a fonte de prazer mais forte.

— Treine para se colocar nesse estado emocional em diferentes momentos da vida cotidiana, conectando-se diretamente com a fonte de prazer mais forte, ou com o slogan.

Exemplo:
— Objetivo: reunião comercial decisiva.
— Estado emocional desejado: se afirmar com sutileza.

— Situação de referência: apresentação de um projeto em uma conferência. Fonte preferencial de prazer: fluidez de movimento dos braços, postura ereta (eu corrijo minha postura, omoplatas que se aproximam). Slogan: "Vamos lá!"
— Treine no cotidiano: eu corrijo a postura fisicamente, eu digo para mim mesmo "vamos lá" e eu me encontro no estado emocional "me afirmar com sutileza".

A quarta etapa não funcionará imediatamente, ela vai depender do número de vezes que você a terá visualizado no decorrer do processo.

➜ A focalização da atenção

Para estar em um bom campo de atenção durante a ação, nossa atenção deve estar centrada no exterior e em um elemento preciso.

Com muita frequência, os erros de concentração no início da ação estão ligados ao fato que nós nos mantemos em uma concentração interna (por exemplo: eu repito minha apresentação interiormente antes de fazê-la).

Para entrar na ação, você poderá deslocar sua atenção para um elemento exterior logo antes de começar. Você pode escolher o mais adequado. Esse elemento exterior deve ser sinônimo do início da ação. Pode ser a porta que se abre antes de entrar em um escritório, seu suporte de PowerPoint, sua mão, o rosto de seu interlocutor, um objeto de seu entorno, não importa. Esse elemento deve ser sinônimo do início da ação, ele faz parte da ação e é agradável para você. Não é um elemento que provoca ansiedade.

Por exemplo, para minha entrevista comercial, se eu me apoio em um suporte visual, o elemento exterior pode ser esse suporte visual.

Capítulo 4:
Multiplicar seu prazer

Você experimentou uma sensação de prazer nas últimas 24 horas?

Sim ☐ Não ☐

Além do prazer físico, você passou um momento agradável nas últimas 24 horas?

Sim ☐ Não ☐

Você comeu um produto que goste nas últimas 24 horas?

Sim ☐ Não ☐

Os trabalhos de Ed Diener, da Universidade de Illinois, mostram que por volta de 40% da felicidade pode ser controlada por nós mesmos (o resto provém dos genes e do ambiente externo). Você diz a si mesmo que está velho demais ou jovem demais para o prazer? Um estudo de Gallup mostra que a felicidade aumenta com a idade na maioria dos países do mundo. Por que buscar o prazer? Para aumentar seu nível de dopamina!

Segundo o Inserm[*]: a dopamina é um neurotransmissor, isto é, uma molécula encarregada de transmitir a informação entre os neurônios. Quando a produção ou a circulação da dopamina está bloqueada, as células nervosas se comunicam

---

[*] O Inserm (Institut national de la santé et de la recherche médicale [Instituto nacional de saúde e pesquisa médica]) é um instituto de pesquisa do governo francês voltado para o conhecimento científico sobre a medicina e a saúde (N.T.).

mal. No processo de uma dependência, a dopamina é um neuromediador do prazer e da recompensa, que o cérebro libera quando acontece uma experiência que ele julga "benéfica".

Quanto mais você faz coisas prazerosas, mais seu cérebro libera dopamina. Evidentemente, a ideia não é exceder o álcool, o tabaco, pois você sabe que isso estaria em contradição com seu objetivo de ter uma mentalidade vencedora (e sobretudo com o capítulo 5 sobre a forma física).

Dois meios de desenvolver seu prazer

➥ Celebrar os sucessos

Quando você atingir um objetivo, você o celebrará. Em geral, se pensa em fazer isso para os grandes projetos, mas nem sempre para as pequenas vitórias do cotidiano. Não se trata necessariamente de fazer uma grande festa ou de organizar uma entrega de medalhas... a ideia é partilhar o prazer do sucesso com outras pessoas. Em função da importância e do tamanho do sucesso. Exemplos: um jantar com uma pessoa próxima ou um amigo em homenagem ao objetivo atingido, um telefonema para anunciar a boa nova, uma festa para celebrar, champanhe, um evento em equipe para festejar o sucesso, se dar o tempo de estar contente consigo, e eventualmente parabenizar a si mesmo...

➡ Atividades-prazer

Olhar sobre a semana passada: quando você teve prazer? Qual porcentagem de seu tempo isso representa?

....

Se isso parece insuficiente para você, o que você mudaria para que a semana que vem (e as próximas) seja mais agradável?

....

Plano de ação semana que vem:
⇨ Decida ao menos duas atividades prazer por dia. Pode se tratar de duas atividades muito curtas. Você as escolhe e define quando as realizará. Utilize sua agenda e coloque-as no planejamento.

⇨ No conjunto da semana, você terá um grande momento de prazer que durará um certo tempo (mais de uma hora) e que será feito fora de seu meio profissional. Esse momento trará prazer para você, e será uma atividade que faz bem a seus sentidos. Quando você pensar novamente nisso, se sentirá bem, as imagens serão rapidamente recordadas, pois você terá vivido uma experiência muito positiva e prazerosa. Exemplo: um dia de trilha, a visita a um museu, um momento em família...

Temas	Eu gosto	Eu não gosto
Ex.: Estar em família:		
Estar com a minha cara metade:		
Jogar (jogos/video games):		
Praticar um esporte:		
....		
....		
....		
....		
....		
....		

Aproveitar o momento presente:

Nós vivemos em uma sociedade que anda cada vez mais rápido. As novas tecnologias tomaram um lugar importante. Há cada vez menos tempos mortos, ou momentos de espera ou de inação. Isso tem vantagens, mas pode também nos desconectar do presente de maneira excessivamente sistemática.

A vida é aqui e agora, se você sente que está frequentemente analisando o que aconteceu antes, ou projetando ou organizando o que vai acontecer, o próximo exercício pode ser interessante.

Escolha três momentos do dia durante os quais você vai se centrar no momento presente. Por exemplo, um trajeto a pé para ir ao trabalho, uma refeição em família, um momento em que você escuta música...

Você viverá cada momento estando plenamente disponível para esse instante. Por exemplo, quando você caminhar para ir ao trabalho, poderá sentir o movimento do andar, o contato dos pés com o chão, a fluidez no movimento, o vento em seu rosto (trata-se de sensações cinestésicas), poderá ver o ambiente em torno de você, focalizando em tudo o que é particularmente agradável (exemplo: uma fonte, um belo prédio, uma loja, o mar, o céu...). Você poderá ouvir todos os sons, os barulhos em torno de você, o som de seus passos... e estará plenamente disponível para esse instante.

Você não pensará em seu planejamento da manhã, não olhará seu smartfone...
Se é muito importante para você pensar no planejamento da manhã para estar na ação desde a chegada ao trabalho, corte o trajeto em dois, e separe bem os dois momentos.

Você poderá, primeiro, praticar esse exercício de maneira sistemática com as três ações escolhidas no início. Pouco a pouco, você poderá também aplicar essa disponibilidade em diferentes situações, de maneira espontânea, em ações curtas.

Exercício: sorrir

Você sorri muito?

"O sorriso tem uma função antiestresse, até mesmo analgésica, graças à liberação de endorfinas. Dopamina e serotonina são igualmente liberadas, o que causa modificações fisiológicas: o ritmo cardíaco aumenta brutalmente depois diminui com a respiração, os músculos e as artérias se relaxam sob a ação do sistema parassimpático". Fonte: Wikipedia.

Além das modificações fisiológicas ligadas ao sorriso, ele vai ter um impacto positivo no seu entorno igualmente, através de sua comunicação não verbal.

Não se trata de forçar o sorriso quando o contexto não convida a isso, mas de pensar em sorrir desde que a ocasião se apresente.

Você pode tentar durante uma semana, e medir os efeitos ao longo de vários dias.

Capítulo 5:
Estar em forma

"Estou cansado...", "eu durmo mal", "eu não consigo mais ficar de pé", "eu preciso de 24 horas de sono", "eu me sinto enorme". Todas essas frases que nós todos pronunciamos em algum momento. E finalmente, por que estar em forma? Todos os estudos provam que se vive mais tempo, mais feliz, mais facilmente quando se está em forma. Claro, pode acontecer que uma pessoa em boa forma, que pratica um esporte e não comete excessos, faleça jovem. Mas, muito sinceramente, é o princípio do peixe voador. O peixe voador existe, é verdade, mas a norma são os peixes que nadam. Então, não nos focalizemos no 1% de peixes voadores. E não nós focalizemos no 1% de pessoas em plena forma que falecem.

Estar em forma depende essencialmente do sono, da atividade e da alimentação. Nós não levamos em consideração aqui a especificidade dos problemas de saúde, nós queremos a otimização de seu físico.

Antes de começar, avalie seu físico atual:

0 = estou muito cansado / 10 = estou em plena forma

Marcas intermediárias:
5: eu estou mais ou menos em forma, me acontece sentir sonolência durante o dia.
7: eu não tenho vontade de dormir durante o dia, eu acordo com vontade de me levantar, mas ainda não me sinto cheio de energia.

➡ ## Sono

Quantas horas você dorme?

....

Quantas horas você acha que deve dormir para estar em forma?

....

Você é mais da manhã ou da noite? Quais são as horas em que você se recupera melhor?

....

Colocar em prática:

Durante 10 dias, você vai respeitar o plano ideal para você em termos de sono, tal como você o descreveu acima ao responder às questões. Nesses 10 dias você poderá se conceder um ou dois deslizes, nos dias de descanso (fins de semana).

Exemplo, você respondeu:

Quantas horas você dorme?
6 horas.

Quantas horas você acha que deve dormir para estar em forma?
8 horas.

Você é mais da manhã ou da noite? Quais são as horas em que você se recupera melhor?
De 23 horas a 7 horas.

Durante 10 dias:

Você dormirá de 23 horas a 7 horas.

Você se deitará antes, no tempo necessário para dormir (exemplo 22h30).

➡ Alimentação

Você está satisfeito com sua alimentação?

Se sim, pule este capítulo. Se você se sente perdido ao nível da alimentação, por que não pensar em marcar uma consulta com um profissional?

....

Se você tem as bases, se sabe o que é bom para você mas nem sempre busca fazer isso, por que não tentar ser exemplar durante 10 dias? E se for demais, comecemos com 3 dias?

....

Você terá alguns pontos de vigilância:

☐ Você limitará o número de cafés diários

☐ Você se hidratará corretamente: recomenda-se beber entre 1,5 L e 2 L por dia quando não se pratica esporte. A quantidade aumenta em função da prática esportiva.

☐ Você limitará os doces e as sobremesas. Você pode suprimi-los durante alguns dias e constatar.

☐ Você limitará os embutidos e os alimentos gordurosos.

☐ Você aumentará os alimentos saudáveis e naturais: frutas, legumes...

☐ Você terá refeições equilibradas e evitará beliscar entre as refeições.

➜ Atividade

Você colocará seu corpo em movimento durante o período dos 10 dias. Não se trata necessariamente de se dedicar a um esporte em particular, mas de favorecer o movimento no cotidiano.

➡ Substitua o elevador pelas escadas o máximo possível.

➡ Caminhe: você pode estacionar um pouco mais longe ou descer um ponto de ônibus antes, evite pegar o carro para pequenos trajetos, ou simplesmente vá passear e respirar ar fresco.

➡ Se você pratica um esporte em particular, faça-o com regularidade (ao menos um dia em 3), e planifique-o em sua agenda.

Para continuar motivado:

➡ Por que não lançar o desafio dos 10 dias em equipe? Uma ou várias pessoas de seu entorno gostariam de jogar esse jogo? Proponha a eles essa ideia.

➡ Pense nos aplicativos disponíveis nos smartfones, nos relógios conectados, isso permitirá que você avalie seus progressos.

Ao fim de 10 dias, você se avaliará novamente em termos de estado físico.

☆☆☆☆☆☆☆☆☆☆

Para ir mais longe: você sente que tem tendência a se sobre-carregar e a não estar atento aos sinais de seu corpo que anunciam o cansaço? Não hesite em manter essa escala e a se avaliar regularmente para continuar escutando seu corpo. Por exemplo, você se avaliará a cada noite ou a cada manhã durante 10 dias, depois uma vez por semana.

➡ Relaxamento

Nós acumulamos tensões inúteis em nosso corpo. Essas tensões podem criar dores a médio prazo, até mesmo patologias mais importantes. Elas têm igualmente um efeito negativo sobre nosso estado emocional.

É a famosa gota d'água que faz o copo transbordar. Acumular essas tensões ao longo de um dia inteiro é o equivalente a encher o copo até que, ao fim do dia, uma gota suplementar venha fazê-lo transbordar.

Estar relaxado, é também ter sensações melhores e concentrar toda a sua energia em avançar. Tomemos a imagem dos sprin-ters que correm com as bochechas se movendo para cima e para baixo. O sprinter sabe que, para ir mais rápido, ele deverá solicitar os músculos que o fazem avançar, mas também relaxar todos aqueles que podem potencialmente freá-lo. E isso é questão de treino.

Então, é essencial fazer com que seu corpo permaneça relaxado o bastante, ao longo do dia inteiro.

Exercício:

Fonte método Target: Relaxamento disponibilidade.

Você se senta em uma cadeira e, durante alguns segundos, contrai todos os músculos de seu corpo. (Essa primeira etapa é contra--indicada se você tem dores musculares ou se você está machucado fisicamente). Ao fim de alguns segundos (máximo de 5), você relaxará completamente, o mais rápido possível.

O que você sente durante esse relaxamento?
Há zonas persistentes de tensão (refaça eventualmente o exercício para verificar)?

Uma vez que você tiver sentido bem a diferença entre o estado contraído e o estado relaxado, você não precisará mais criar a contração antes de relaxar. Simplesmente, em seu cotidiano, você deverá relaxar seus músculos com regularidade. Por exemplo, quando você está trabalhando no computador, tome alguns segundos para relaxar, como se fizesse um escaneamento da cabeça aos pés e dos pés à cabeça, para soltar cada músculo.

Você não precisa fechar os olhos, o objetivo será poder relaxar o mais rapidamente possível, e durante a ação. Posteriormente, você relaxará instantaneamente sem deixar de digitar no teclado, por exemplo.

Resumo:

⇨ Pratique o exercício de contração-relaxamento 3 vezes ao dia durante 3 dias.

⇨ A partir do 4° dia, faça um relaxamento sem sair de sua posição, fazendo uma pausa na ação. Você o fará entre 3 e 6 vezes ao dia, durante 3 dias.

⇨ Do 7° ao 9° dia: pratique entre 3 e 6 vezes ao dia um relaxamento sem pausar sua ação.

⇨ Você identificará:

- As zonas de seu corpo que têm tendência a se contrair mais do que outras (por exemplo: mandíbula apertada, ombros tensionados....). Essas zonas contraídas servirão de "sentinelas" para você se dar conta mais cedo de que a tensão está subindo. Assim, você poderá inverter a tendência mais cedo, o que será mais eficaz.

- Os elementos que favorecem o relaxamento. Concretamente, como você faz para relaxar?

Capítulo 6:
Fixar sua EXIGÊNCIA

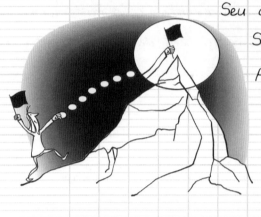

Seu cérebro precisa fixar exigências. Sem exigência, não há nenhuma razão para fazer o que é necessário para ter uma mentalidade de ganhador. Por que fazer exercício? Para manter suas razões de ser. A exigência é o fundamento durável de sua mentalidade de ganhador.

Qual é seu nível de exigência (dar um número de 0 a 5)? (3 é o ideal, 0 não o bastante e 5 é demais):
....

Consigo mesmo: ....
Com os outros: ....

➜ **O que as pessoas de seu entorno pensam sobre isso**
Peça a 9 pessoas, de ambientes variados (membros de sua família, amigos, pessoas de seu meio profissional de quem você se sente próximo o suficiente), para dar uma nota a seu nível de exigência de 0 a 5 e justificar a nota atribuída com um exemplo de situação vivida.

1 – Nota: Situação vivida:	4 – Nota: Situação vivida:	7 – Nota: Situação vivida:
2 – Nota: Situação vivida:	5 – Nota: Situação vivida:	8 – Nota: Situação vivida:
3 – Nota: Situação vivida:	6 – Nota: Situação vivida:	9 – Nota: Situação vivida:

➡ Balanço e ação:

Alguma tendência se mostra? Ela está de acordo com sua própria percepção?

....

....

Você deseja mudar alguma coisa? Se sim, qual eixo de trabalho?

....

....

Concretamente, o que você decide fazer?

....

....

Capítulo 7: Iniciar os encontros

Você pode até fazer e ter sucesso, com brio, nos 6 capítulos anteriores, mas sem este capítulo 7 faltará sempre alguma coisa para você. Não se pode ter uma mentalidade de alta performance unicamente para si mesmo. Salvo se você se chama Robinson Crusoé, sozinho em sua ilha, atingir os objetivos dos 6 primeiros capítulos já é um sucesso formidável. Não há, então, nenhuma razão para não ter sucesso neste capítulo 7, mesmo que ele pareça difícil, pois depende também dos outros e da vontade deles de falar com você, de sair com você, de partilhar coisas com você. Para as pessoas tímidas, será necessário se violentar um pouco, mas você verá que depois de 3 tentativas no máximo, haverá sucesso. Os sites de encontros, não necessariamente sacanas, os sites de permuta, os sites comunitários, os sites de eventos, prosperam em sua região, como por toda parte. Pode-se então pensar que muitas pessoas desejam interagir com outras. Então, estimule ao máximo os tipos de encontro.

Exercício 1:

Às vezes, você não ousa por medo de incomodar?
Aqui está um exercício para se convencer do contrário:
você tentará obter 5 "não" como resposta a pedidos feitos aos outros. Você pode fazer essas demandas a desconhecidos ou a pessoas de seu entorno. Você verá que não é tão fácil obter um "não".[3]

Exercício 2: crie as oportunidades

Se você sente falta de interações sociais:

- Preveja ...... saídas com amigos por mês. O número deve ser definido em função de seu ritmo e de sua necessidade de interação. Você planejará ao menos 2 por mês.
- Interaja com seus vizinhos.
- Você poderá retomar o contato com pessoas com as quais perdeu um pouco de vista.
- Você poderá propor um encontro a alguém com quem normalmente só cruza.
- Você poderá trocar algumas palavras com desconhecidos que encontrar (exemplo: o padeiro, nos transportes, em uma sala de espera...).

---

3. Exercício inspirado no livro de Laurent Gounelle, *L'homme qui voulait être heureux* [O homem que queria ser feliz], no qual o mestre Samtyang aconselha Julian a conversar com pessoas e obter delas respostas negativas.

MEU PLANO DE AÇÕES ENCONTROS

Temas	Objetivos	Realizado	Novo objetivo
Sair com meus amigos	3x / mês	2x / semana	
Entrar em contato com pessoas que perdi de vista			
Praticar um esporte em um clube			
...			
...			
...			
...			

Exercício 3: qualidade da troca

- Você fará questões abertas (uma questão em que não se pode responder com sim ou não) para favorecer a discussão.
- Você cuidará para que os tempos de fala sejam equilibrados. Em geral, você fala mais ou menos do que seu interlocutor?
- Você terá uma escuta atenta.

Conclusão

Este caderno está organizado em torno do método PREFERA

P como PRAZER
R como RAZÕES DE SER
E como ENCONTROS
F como FORMAR
E como EXIGÊNCIA
R como RESULTADO
A como AMOR PRÓPRIO

O percurso iniciático fez você conhecer o conjunto dos tijolos para construir para si ou reconstruir uma mentalidade de ganhador.

Coleção Praticando o Bem-estar
Selecione sua próxima leitura

- [ ] Caderno de exercícios para aprender a ser feliz
- [ ] Caderno de exercícios para saber desapegar-se
- [ ] Caderno de exercícios para aumentar a autoestima
- [ ] Caderno de exercícios para superar as crises
- [ ] Caderno de exercícios para descobrir os seus talentos ocultos
- [ ] Caderno de exercícios de meditação no cotidiano
- [ ] Caderno de exercícios para ficar zen em um mundo agitado
- [ ] Caderno de exercícios de inteligência emocional
- [ ] Caderno de exercícios para cuidar de si mesmo
- [ ] Caderno de exercícios para cultivar a alegria de viver no cotidiano
- [ ] Caderno de exercícios e dicas para fazer amigos e ampliar suas relações
- [ ] Caderno de exercícios para desacelerar quando tudo vai rápido demais
- [ ] Caderno de exercícios para aprender a amar-se, amar e - por que não? - ser amad(a)
- [ ] Caderno de exercícios para ousar realizar seus sonhos
- [ ] Caderno de exercícios para saber maravilhar-se
- [ ] Caderno de exercícios para ver tudo cor-de-rosa
- [ ] Caderno de exercícios para se afirmar e - enfim - ousar dizer não
- [ ] Caderno de exercícios para viver sua raiva de forma positiva
- [ ] Caderno de exercícios para se desvencilhar de tudo o que é inútil
- [ ] Caderno de exercícios de simplicidade feliz
- [ ] Caderno de exercícios para viver livre e parar de se culpar
- [ ] Caderno de exercícios dos fabulosos poderes da generosidade
- [ ] Caderno de exercícios para aceitar seu próprio corpo
- [ ] Caderno de exercícios de gratidão
- [ ] Caderno de exercícios para evoluir graças às pessoas difíceis
- [ ] Caderno de exercícios de atenção plena
- [ ] Caderno de exercícios para fazer casais felizes
- [ ] Caderno de exercícios para aliviar as feridas do coração
- [ ] Caderno de exercícios de comunicação não verbal
- [ ] Caderno de exercícios para se organizar melhor e viver sem estresse
- [ ] Caderno de exercícios de eficácia pessoal
- [ ] Caderno de exercícios para ousar mudar a sua vida
- [ ] Caderno de exercícios para praticar a lei da atração
- [ ] Caderno de exercícios para gestão de conflitos
- [ ] Caderno de exercícios do perdão segundo o Ho'oponopono
- [ ] Caderno de exercícios para atrair felicidade e sucesso
- [ ] Caderno de exercícios de Psicologia Positiva
- [ ] Caderno de exercícios de Comunicação Não Violenta
- [ ] Caderno de exercícios para se libertar de seus medos
- [ ] Caderno de exercícios de gentileza
- [ ] Caderno de exercícios de Comunicação Não Violenta com as crianças
- [ ] Caderno de exercícios de espiritualidade simples como uma xícara de chá
- [ ] Caderno de exercícios para praticar o ho'oponopono
- [ ] Caderno de exercícios para convencer facilmente em qualquer situação
- [ ] Caderno de exercícios de arteterapia
- [ ] Caderno de exercícios para se libertar das relações tóxicas
- [ ] Caderno de exercícios para se proteger do Burnout graças à Comunicação Não Violenta
- [ ] Caderno de exercícios de escuta profunda de si
- [ ] Caderno de exercícios para desenvolver uma mentalidade de ganhador
- [ ] Caderno de exercícios para ser sexy, zen e feliz
- [ ] Caderno de exercícios para identificar as feridas do coração
- [ ] Caderno de exercícios de hipnose

A Psicologia Positiva é uma disciplina recente e em pleno desenvolvimento. Cientificamente falando, ela se interessa pela felicidade e bem-estar das pessoas e das organizações, ao invés de se preocupar com seus problemas e sofrimentos. Não almeja acalmar o mal-estar daqueles e daquelas que sofrem psiquicamente, mas **coloca como objetivo ajudar as pessoas que já estão bem... a ficarem ainda melhor**.

Prazer, emoções agradáveis, felicidade, satisfação, serenidade etc. são temas discutidos pela nova ciência que se concentra sobre "a vida acima de zero"!

Pois a felicidade, como você acabará descobrindo neste pequeno caderno, significa mais do que ausência de infelicidade! E ela está ao alcance de todos...

PLENITUDE
BEM-ESTAR
SATISFAÇÃO
PROBLEMAS
PATOLOGIA
INFELICIDADE

Observação

A Psicologia Positiva não é fruto de reflexões sobre a felicidade, mas corresponde principalmente a experiências de campo. Essa é sua força. As pistas deixadas neste pequeno caderno, mesmo sendo expostas de maneira lúdica, se baseiam em trabalhos científicos rigorosos.

Por que uma ciência da felicidade?

Conselhos para alcançar a felicidade despencam como chuva sobre a humanidade desde o início dos tempos!

As religiões, os profetas, os filósofos propuseram múltiplas pistas a serem seguidas. Aqui sugerimos algumas!

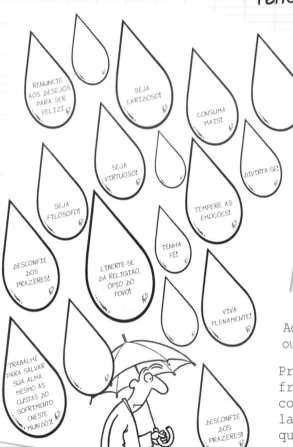

Acrescente as que você mesmo ouviu.

Problema: esses conselhos frequentemente estão em contradição! Nas gotas ao lado, assinale as afirmações que se contradizem.

Por que tantos caminhos para a tão sonhada felicidade? A razão é muito simples: a pessoa que encontra um meio de ficar contente acredita que pode generalizar para todos, esquecendo-se da imensa diversidade dos seres humanos. Como cada um é diferente, não acreditamos que exista uma única maneira, válida para todos, de ser feliz.

Aqui a ciência intervém! A Psicologia Positiva procura identificar **regras gerais**, ou seja, que se aplicam **ao maior número**. Para isso, efetua pesquisas com milhares de pessoas e analisa o que exatamente deixa feliz a maioria delas. Cria, então, algumas experiências para verificar hipóteses e, com base nos resultados obtidos, deduz **as grandes tendências**.

Tomemos a analogia dos regimes para perder peso.

Alguns indivíduos conseguem emagrecer. Nesse caso, eles dizem aos outros para fazer a mesma coisa que foi eficaz para eles, sem levar em conta o fato de que isso talvez não seja conveniente para todos.

- ♣ Os cientistas, por sua vez, reúnem 1.000 pessoas querendo perder peso. Dividem esse grupo aleatoriamente em 5 subgrupos e medem escrupulosamente os parâmetros importantes dos indivíduos que os compõem (peso, altura, estado de saúde, resistência física, moral etc.).

- ♣ A cada subgrupo é atribuído um regime particular, a ser seguido durante um período preciso, digamos 6 meses. No final desse período, os parâmetros importantes são novamente medidos e os resultados analisados. Isso permite chegar a algumas conclusões, tais como:

- ⏩ Qual regime é o mais eficaz?
- ⏩ Qual é o mais fácil de ser seguido?
- ⏩ Qual deles afeta menos o psicológico?
- ⏩ Qual é o menos nocivo para a saúde?

Sejamos claros: isso não significa que o regime mais eficaz em geral seja também o mais conveniente para VOCÊ! Mas, caso deva escolher, vai certamente preferir aquele regime que oferece a _maior chance_ de sucesso.

Por outro lado, certamente isso permitirá afastar as ideias malucas e sem fundamento algum, colocadas no plano das superstições (p. ex., "pular uma refeição por dia faz emagrecer de modo permanente").

> **A propósito, sabia que os otimistas se alimentam melhor do que os pessimistas? E que estão em menor número entre os fumantes e os consumidores de álcool em excesso?**

Em psicologia, a metodologia científica garante que os resultados encontrados sejam **transponíveis** para o maior número: científico significa generalizável ao conjunto.

O que é científico não é melhor do que outras abordagens, mas tem condições de ser **generalizado**.

O que não é científico não é pior, nem forçosamente menos eficaz (não se pode nunca excluir o golpe de sorte!), mas não se sabe o quanto isso consegue ser transferido para outras pessoas...

A Psicologia Positiva estuda, assim, a felicidade de maneira científica. Dessa forma, identifica, como tendências gerais, aqueles modos de agir capazes de proporcionar mais satisfação, uma vez que se aplicam ao maior número.

Isso também facilita separar os elementos que não aumentam a felicidade de maneira verdadeira.

E, acima de tudo, ela fornece resultados sólidos que você pode usar imediatamente para testar por si mesmo. Passemos rapidamente a um exemplo:

A razão de Losada

O que faz com que os membros de algumas equipes profissionais sejam mais alegres e outros não?

Anote a resposta:

....

....

....

....

....

....

....

Uma das respostas dadas pela Psicologia Positiva: Marcial Losada e seus colaboradores analisaram as reuniões de 60 equipes de 8 gerentes de uma grande empresa. Cada uma delas era conhecida pelo desempenho (rentabilidade objetiva), a satisfação dos clientes (graças a enquetes de campo), assim como a opinião dos superiores e dos subordinados. Para o estudo, cada equipe deveria se reunir em uma sala especialmente arrumada: havia espelhos unidirecionais atrás dos quais ficavam os pesquisadores que, assim, podiam observar confortavelmente todas as interações.

Durante as sessões, todas as tomadas de palavra foram cuidadosamente repertoriadas e em seguida classificadas em duas categorias: positivas e negativas.

Por exemplo:

 POSITIVAS

"Bravo!"

"Que ótima ideia!"

"O que necessita para o projeto?"

NEGATIVAS

"Que ideia estúpida!"

"Não quero bancar o advogado do diabo, mas..."

"Como é possível alguém afirmar isso!"

Losada percebeu que a proporção de posicionamentos positivos e negativos era radicalmente diferente conforme a equipe considerada. As equipes com desempenho alto se caracterizavam por uma relação de aproximadamente uma única negativa para seis positivas. Ao contrário, nas equipes de baixo desempenho o escore não ultrapassava 0,35, ou seja, três vezes mais negativas do que positivas.

Graças a cálculos científicos, Losada conseguiu identificar a razão crítica: 2,9 palavras positivas para uma negativa. Abaixo desse patamar as equipes têm tendência a estagnar e a apresentar baixo rendimento. Acima dele, os membros se sentem felizes apresentando alto rendimento.

$$\textbf{Bem-estar quando:} \quad \frac{\textbf{palavras positivas}}{\textbf{palavras negativas}} = \frac{\textbf{2,9}}{\textbf{1}}$$

Outros estudos confirmam que o bem-estar é construído pela relação de três elementos positivos contra um elemento negativo.

Por exemplo, as pessoas que sentem três vezes mais emoções agradáveis do que sentimentos desagradáveis dizem que são felizes na vida. Finalmente, parece que em casais essa razão aumenta de cinco para um. Assim, para ser um casal feliz é conveniente expressar cinco vezes mais elementos positivos do que negativos.

Você respeita a razão de Losada?

Para ter a resposta, faça uma revisão do que disse hoje para:

a) o cônjuge

Razão $\dfrac{+}{-} = \dfrac{}{}$

(atenção: máximo de 5)

b) os filhos

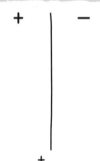

Razão $\dfrac{+}{-} = \dfrac{}{}$

c) os colegas

+   −

Razão $\dfrac{+}{-} = \dfrac{}{}$

(atenção: máximo de 5)

d) você mesmo

Razão $\dfrac{+}{-} = \dfrac{}{}$

Também é importante ser generoso consigo mesmo!

Quais são os relacionamentos em que a razão (3/1) não é alcançada?

Você quer ser mais feliz? Então aumente o número de palavras positivas! Acredite que esse é um bom meio de fazer com que os outros, por mimetismo, aumentem também o número de palavras positivas!

> ## *Você percebe como CRITICAR é fácil, e FELICITAR é muito menos?*

Talvez isso ocorra porque aprendemos com nossos pais e professores: nunca esqueciam de criticar quando alguma coisa não funcionava bem, mas quase nunca verbalizavam as felicitações quando executávamos bem alguma tarefa. Por conseguinte, no início, é necessário se esforçar para levar em conta o **13** positivo e, principalmente, expressá-lo!

Que palavras positivas você poderia dizer a seu cônjuge?

▶▶ Amo você como você é.

▶▶ Estou feliz por estarmos juntos!

▶▶ Obrigado(a) por ter feito ....

▶▶ Parabéns por ....

▶▶ ....

▶▶ ....

▶▶ ....

▶▶ ....

▶▶ ....

▶▶ ....

▶▶ ....

Complete os itens!

Não devemos deixar o estoque de **PALAVRAS POSITIVAS!** *esvaziar!*

Que palavras positivas você poderia dizer a seus filhos?

▶▶ Muito bem!

▶▶ Você se vira muito bem!

▶▶ Estou orgulhoso(a) de você!

▶▶ Continue assim, você está cada vez melhor!

▶▶ Não tem importância, você está fazendo progressos!

▶▶ ....

▶▶ ....

▶▶ ....

▶▶ ....

▶▶ ....

▶▶ ....

▶▶ ....

▶▶ ....

▶▶ ....

▶▶ ....

Que palavras positivas você poderia dizer aos colegas?

➤➤ Obrigado(a) por ter me ajudado.

➤➤ Estou feliz por trabalhar com você.

➤➤ Felizmente você está aqui.

➤➤ ....

➤➤ ....

➤➤ ....

➤➤ ....

➤➤ ....

➤➤ ....

➤➤ ....

➤➤ ....

➤➤ ....

➤➤ ....

Que palavras positivas você diria a si próprio?

» Sou capaz de fazer o melhor.

» Muito bom! Boa jogada!

» Sou realmente bom em...

» ....

» ....

» ....

» ....

» ....

» ....

» ....

» ....

» ....

» ....

» ....

Truques!

Truque n. 1: O quadro do "positivo"

Que tal confeccionar um quadro no qual possa anotar com um simples traço nos próximos dias as interações positivas e as negativas com seu parceiro amoroso? Você perceberia rapidamente a quantas anda seu relacionamento...

Truque n. 2: O carinho invisível!

Se você tem problema para imaginar as palavras positivas, concentre os esforços na diminuição do que é negativo. Renuncie às críticas gratuitas (aquelas que permitem liberar sua agressividade, mas não fazem nenhum bem ao destinatário).

Que críticas você poderia deixar de expressar?

▶▶ ....

▶▶ ....

▶▶ ....

▶▶ ....

▶▶ ....

▶▶ ....

▶▶ ....

▶▶ ....

▶▶ ....

A gratidão

Exprimir palavras positivas e de gratidão ao próximo é um bom meio de aumentar a satisfação de estar junto.

Mas isso não é tudo! Os psicólogos positivos pensam que a expressão da gratidão aumenta, de maneira significativa, nosso bem-estar.

Por que isso acontece?

Para sentir gratidão é necessário focalizar a atenção no que temos, nos privilégios que nos beneficiam, e deixar de lado aquilo que não anda bem.

Na vida, há inevitavelmente coisas positivas e negativas.

Temos amigos, trabalho, saúde, vivemos em um país democrático, temos acesso aos cuidados médicos, temos um relativo conforto: aparelhos eletrodomésticos, carros etc. Mas há também acidentes, doenças, coisas que não funcionam direito, problemas administrativos, poluição etc. Tudo isso existe.

Mas só nós decidimos o que chama nossa atenção! Quanto mais prestamos atenção ao que é negativo, mais nosso humor se deprecia. Quanto mais prestamos atenção nas coisas positivas, mais nosso estado de espírito melhora. <u>Sem que nada mude na realidade!</u>

Experimente para ver!

Avalie seu estado de humor atual marcando um X na escala abaixo: de -10 (muito negativo) a +10 (muito positivo)

| -10 | neutro | +10 |

Agora pense em uma lembrança dolorosa de sua existência (falecimento, acidente, traição...). Agora, como você estima o seu humor? Indique na escala com um triângulo (Δ).

Pense então em algo agradável que aconteceu com você (férias, momento com os amigos, encontro amoroso...).

Como fica o seu humor? Indique na escala com uma cruz (+).

Conclusão: nosso humor é INFLUENCIADO POR AQUILO EM QUE PENSAMOS, por tudo em que prestamos atenção.

Nossa atenção funciona um pouco como o dinheiro. Podemos decidir onde vamos investir e o tipo de resultado esperado. Vamos aumentar a conta da infelicidade ou a da felicidade?

Ao invés de ficar martelando naquilo que não está bom, tente focalizar sobre as coisas que vão bem e pelas quais você ficaria agradecido! Esse é o segredo da gratidão.

Por exemplo:

▶▶ Tenho acesso à internet que me permite obter milhares de informações.

▶▶ De manhã, posso tomar uma ducha quentinha.

▶▶ Graças aos meus óculos, posso enxergar nitidamente.

▶▶ Há pessoas que são pagas para manter a cidade limpa.

▶▶ ....

▶▶ ....

▶▶ ....

▶▶ ....

▶▶ ....

▶▶ ....

▶▶ ....

▶▶ ....

▶▶ ....

▶▶ ....

▶▶ ....

▶▶ ....

Não nos esqueçamos da grande proposta presente no Caderno de exercícios de gratidão de Y.A. Thalmann. Duas vezes por semana, num caderninho, anote três elementos para os quais você sente gratidão.

Um psicólogo positivo vanguardista: Epicuro.

Evidentemente, para o que não vai bem, é melhor mobilizar as energias para as mudanças [necessárias]. Lamentar não serve para nada...

> Você sabe a diferença entre sucesso e felicidade?
> **O SUCESSO CONSISTE EM OBTER O QUE DESEJAMOS.**
> **A FELICIDADE CONSISTE EM SABER APRECIAR O QUE TEMOS!**

Otimista, sim! Simplório, não!

Ver o copo meio cheio é bem conveniente; no entanto, não seria cobrir os olhos com um véu para não enxergar as desgraças do mundo? Os pessimistas seriam mais realistas, não é?

Nem sempre!

Os psicólogos nos alertam que as emoções agradáveis e as desagradáveis nos fazem ver o mundo de maneira diferente. Nem certo nem errado, mas diferente. Aqui temos um texto que permite refletir sobre isso.

Na sua opinião, o desenho apresentado abaixo corresponde melhor a qual das outras duas figuras apresentadas (a dos losangos e a dos quadrados)?

Já fez sua escolha?

Evidentemente não existe a resposta certa ao teste. A forma da esquerda corresponde muito mais ao **aspecto global** do modelo apresentado (três elementos dispostos em triângulo), enquanto a da direita corresponde mais aos **detalhes** (figura composta por quadrados).

A Psicologia Positiva mostrou que as pessoas com bom humor preferem os losangos, isto é, consideram as coisas na globalidade; por outro lado, as pessoas com humor um pouco amargo pendem para os quatro quadrados: focalizam muito mais nos detalhes.

As emoções desagradáveis como a raiva, a tristeza e o medo tendem a **focalizar** a atenção (para reagir adequadamente diante de um perigo ou um problema; isso permitiu a nossos antepassados sobreviver...), ao passo que as emoções agradáveis agem no sentido do relaxamento e da ampliação do foco de atenção.

O humor positivo conferido, por exemplo, pela visão otimista da realidade, favorece um tratamento global da informação. Ao contrário, o mau humor privilegia um tratamento analítico e sistemático. A primeira procede mais por analogia, ao passo que a segunda prefere a lógica. Os dois modos são **complementares** e permitem efetuar certas tarefas específicas com mais eficiência.

CONCLUSÃO 1:
os dois tipos de emoção, agradáveis e desagradáveis, são complementares e necessários ao nosso bom funcionamento.

CONCLUSÃO 2:
em certos momentos, uma visão otimista da vida é mais adequada, enquanto em outros momentos a visão mais pessimista se mostra útil.

> *Você sabia que os otimistas têm mais acidentes de trabalho? Eles têm tendência a se proteger menos do que os outros trabalhadores...*

O problema se coloca com uma visão dogmática e inflexível: otimismo inabalável ou pessimismo incorrigível e generalizado... No entanto, de fato os otimistas viverão melhor do que os pessimistas. E mais tempo, isso está provado!

E se as pessoas felizes forem AQUELAS QUE SABEM MINIMIZAR A PERCEPÇÃO DA INFELICIDADE?

Estudo com freiras

Como é possível afirmar que os otimistas vivem mais tempo? Além do estado de espírito, há tantos parâmetros capazes de interferir (p. ex.: estresse, atividade esportiva ou alimentação).

Para ter certeza disso, três psicólogos (Danner, Snowdon e Friesen) tiveram a ideia de estudar religiosas de um grande convento americano[1]. Assim, eles tinham certeza de trabalhar com uma população comparável quanto ao estilo e ao ritmo de vida, com a mesma alimentação e atividades da vida prática (muitas orações, nesse caso).

Os pesquisadores estudaram as cartas de motivação que 180 noviças, com idade de 20 anos, haviam enviado para a madre superiora quando entraram na ordem. Consultores independentes classificaram essas cartas em dois grupos em função do

---

1. O estudo ainda está em curso. Para saber mais, consulte http://www.healthstudies.umn.edu/nunstudy

número de emoções positivas expressas ("Uma profunda felicidade me invade por oferecer minha vida ao Senhor", "Para mim é uma alegria inestimável...").

O que interessava aos pesquisadores era a duração média da vida dos dois grupos de religiosas. Dessa maneira, constataram que o grupo das otimistas apresentava uma expectativa de vida de aproximadamente 7 anos a mais do que o das pessimistas. Com a idade de 95 anos, por exemplo, havia duas vezes mais irmãs otimistas vivas do que no outro grupo.

Essa pesquisa denominada "The nun study" é uma das mais clássicas da Psicologia Positiva. Sua conclusão é de uma simplicidade desconcertante:

> *Seja otimista, viva emoções agradáveis, e sua expectativa de vida aumentará!*

A generosidade

Nossa atenção, assim como nossa energia, pode ser comparada ao dinheiro. Somos capazes de decidir no que investiremos nossa energia e nosso dinheiro. No entanto, há uma enorme diferença!

A energia, contrariamente ao dinheiro, à medida que é oferecida ao outro, enriquece mais o doador!

Para ser claro, a generosidade torna a pessoa feliz.

Gratidão, generosidade... Os psicólogos positivos se tornaram moralistas? Venderam suas almas à religião?

Não. Eles receitam a **GRATIDÃO** e a **GENEROSIDADE**, nem tanto por serem virtudes ou por salvarem nossa alma (isso não é da competência deles!), mas porque testaram seus **EFEITOS POSITIVOS SOBRE A FELICIDADE!**

Por que a generosidade nos torna mais felizes?

Dê sua opinião:

▶ ....

▶ ....

▶ ....

Aquele que dá sem esperar retorno:

❖ sente emoções agradáveis e alimenta uma boa imagem de si mesmo (elevação da autoestima);

❖ sabe que contribui para o bem-estar de outras pessoas;

❖ tem mais consciência do que possui (já que o oferece a outros) do que daquilo que lhe falta;

❖ em comparação aos que têm menos, sabe dos privilégios que possui e que às vezes esquece;

❖ participa de uma rede de entreajuda da qual pode se beneficiar caso precise. Dar de si mesmo conduz a ter mais confiança na humanidade e a acreditar que ela é caridosa...

Os psicólogos positivos perceberam que a generosidade é contagiosa. Você já deve ter percebido isso. Se, por exemplo, alguém lhe oferece ajuda, você terá maior chance de oferecer ajuda ao outro. Se um motorista cede a passagem, você terá mais tendência a dar passagem aos outros etc.

Há muitas coisas que somos capazes de oferecer!

Complete a lista!

Podemos oferecer:

dinheiro	parabéns	tempo
sorrisos	presentes	atenção

....

....

....

....

Você conseguiria fixar uma quantidade mínima de boas ações para fazer no dia ou na semana?

Sorria, isso é sério!

Um sorriso não custa nada, mas provoca um efeito, isso é bem conhecido. Melhor ainda, o sorriso tende a tornar feliz... aquele que sorri!

Os psicólogos identificaram um mecanismo neural que batizaram de **retroação facial**. Quando estamos felizes, um sorriso aparece espontaneamente em nosso rosto.

Mas o inverso também é verdade. Quando um sorriso é estampado em nosso rosto, mensagens são enviadas para o cérebro que, ao interpretar isso como sinal de alegria, secreta os neurotransmissores correspondentes: o humor melhora!

ATENÇÃO,

o mecanismo funciona também para as emoções desagradáveis: ficar mal-humorado tende a fazer o humor degringolar!

Mas, estamos no campo da Psicologia Positiva: nada como uma boa experiência!

Pegue um lápis e coloque-o durante alguns minutos entre os dentes. Observe o que acontece com seu humor.

Depois, coloque-o sobre o lábio superior e tente equilibrar, empurrando-o contra o nariz. Observe seu humor.

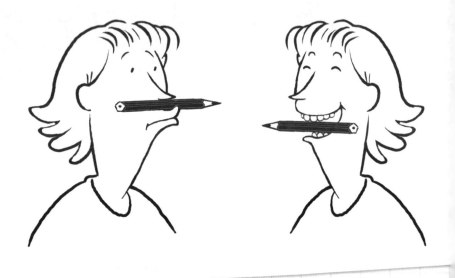

O lápis entre os dentes força o sorriso, mas quando colocado sobre o lábio superior, deixa emburrado. O humor correspondente não é o mesmo, temos de admitir!

A PARTIR DE HOJE

pratique alguns minutos de lápis entre os dentes, algumas vezes ao dia

PARA CAUSAR BEM-ESTAR...

O cérebro, no entanto, não pode ser enganado indefinidamente! Nada vale um verdadeiro sorriso!

Recorte em revistas 5 ou 6 fotos de personagens sorridentes e cole no quadro abaixo. Quais delas sorriem de verdade?

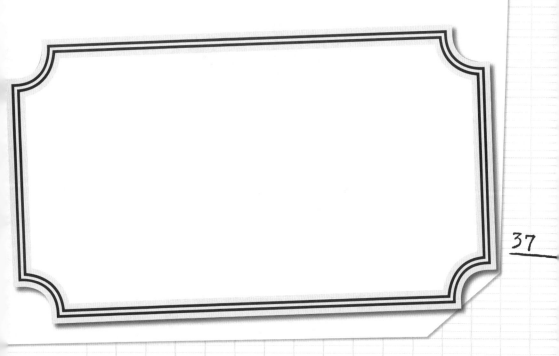

Para se certificar, esconda a boca e preste atenção somente nos olhos. Em algumas imagens, os olhos também sorriem! De fato, um sorriso verdadeiro (chamado "sorriso de Duchenne", do nome do cientista que estudou em detalhes as contrações dos músculos da face) não se limita a mostrar as comissuras dos lábios para o alto (**smiley**), mas ele contrai também os músculos que envolvem os olhos, principalmente a parte exterior.

Tente completar com um lápis o *smiley* seguinte com diferentes pares de olhos. Qual parece mais feliz?

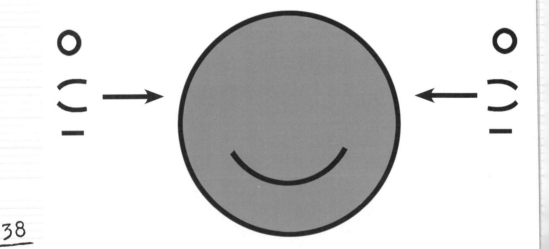

Um estudo foi feito com base nos retratos de jogadores de basebol dos anos de 1950 (o equivalente das figurinhas Panini® de agora).

Pessoas aleatórias deviam qualificar o sorriso dos jogadores: sem sorriso, sorriso somente com a boca e sorriso de Duchenne. Resultado: até 2009, o registro de morte mostra que, a cada ano, os atletas sorridentes morriam duas vezes menos do que os outros.

Uma atitude **POSITIVA**, manifestada por **SORRISOS** mais frequentes, melhora a **QUALIDADE DE VIDA** e contribui para **PROLONGÁ-LA**!

> *"Às vezes, a felicidade está na raiz do sorriso, mas às vezes o sorriso pode ser a fonte da felicidade."*
>
> Thich Nhat Hanh

- ♣ **Exprimir mais o positivo do que o negativo.**
- ♣ **Mostrar seu reconhecimento.**
- ♣ **Ver as coisas pelo lado bom.**
- ♣ **Ser generoso.**
- ♣ **Sorrir...**

Essa seria a chave da felicidade e do contentamento?
E as circunstâncias da vida, representam algum papel?
Evidentemente que sim! Os acontecimentos influenciam nosso grau de felicidade... mas muito menos do que pensamos!

«Ficarei TÃO FELIZ quando...»

Na vida, muitas vezes antecipamos a alegria e a satisfação que sentiremos numa situação futura. "Ficarei tão feliz quando me casar, quando encontrar um trabalho, quando entrar de férias, quando meu time vencer a copa etc."
No entanto, nossas projeções são confiáveis? Somos capazes de prever corretamente nossa felicidade futura?

Para ter certeza, imagine alguns eventos agradáveis que acontecerão brevemente em sua vida. Para cada um deles, avalie numa escala que vai de 1 (pouquíssima alegria) a 10 (êxtase) a emoção que sentirá naquele momento.

Espere que os eventos aconteçam e compare então a alegria real sentida com aquela imaginada.

Você sem dúvida chegou à mesma conclusão dos psicólogos positivos:

Futuro acontecimento feliz	Alegria antecipada (antes)	Alegria sentida (durante)
Partida de bilhar com os amigos	7	4-5
Noite romântica	8	6
Sua conclusão:		

. . . .

. . . .

> # Nós temos tendência a nos ENGANAR ao tentar IMAGINAR AS EMOÇÕES AGRADÁVEIS que sentiremos quando chegar o momento.

Os acontecimentos reais nunca se parecem com os imaginados: a partida de bilhar foi certamente agradável, mas Michel, nosso melhor amigo, estava doente. Quanto ao encontro romântico, não foi perfeito, pois nosso restaurante preferido estava cheio!

A felicidade percebida está ligada às emoções agradáveis sentidas. Assim, fica difícil prever o que nos deixará efetivamente felizes.

Por exemplo, o dinheiro traz felicidade?
Os pobres dizem que o dinheiro lhes traria felicidade.

Responda à pergunta traçando a curva que traduz a progressão do bem-estar em função da renda.

Felicidade

Renda

Os ricos dizem que o dinheiro não traz felicidade (mas eles não abririam mão dele).
Na sua opinião, quem tem razão? Parece que ambos têm razão! As pesquisas mostraram que, quando as pessoas não têm como manter suas necessidades vitais (alimentação, moradia, segurança), elas não se dizem felizes. Por outro lado, quando essas necessidades são

43

satisfeitas, o aumento da renda não faz de fato muita diferença.

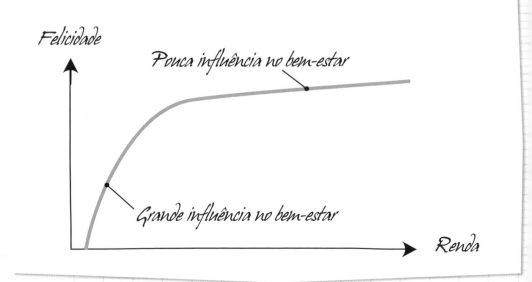

Pelo gráfico:
O dinheiro não traz felicidade para os ricos, mas traria para os pobres.
Quando comparamos a previsão das pessoas com aquilo que é efetivamente medido, fica evidente:

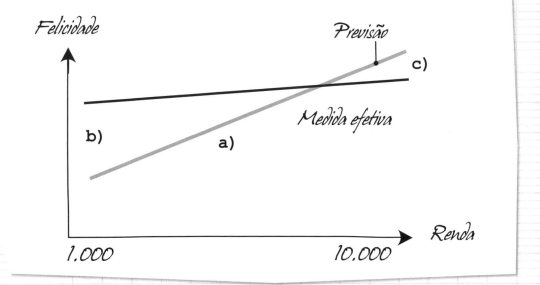

De maneira geral, nós:
a) Superestimamos a relação entre dinheiro e felicidade (linha muito inclinada).
b) Subestimamos a felicidade das rendas baixas (grande diferença à esquerda).
c) Superestimamos a felicidade das rendas altas (diferença à direita).

Em contrapartida, quando comparamos a elevação da renda, a partir da metade do século passado, e o nível de bem-estar declarado, constatamos o seguinte paradoxo: inegavelmente vive-se melhor (pelo menos no que diz respeito ao conforto material), mas nem por isso as pessoas se dizem mais felizes. Onde está o erro?

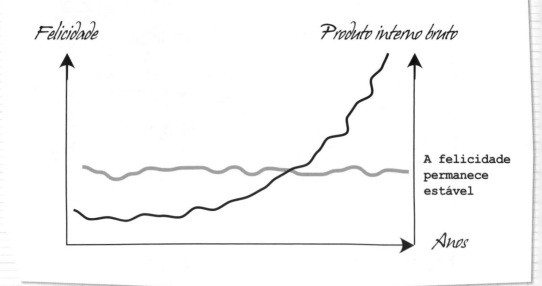

Assim, somos videntes desprezíveis quando se trata de fazer previsões do que nos fará felizes! Estudos mostram que avaliamos para cima o impacto da fortuna sobre a felicidade. Muitas pessoas gostariam de ganhar mais e pensam que isso as tornaria mais felizes... Que tolice!

Da mesma forma, ficamos contentes ao sair de férias, mesmo que, ao chegar no lugar pretendido, fiquemos aborrecidos e estressados. (Engarrafamentos em estradas, você já passou por isso?)

Esperamos encontrar a alma gêmea, mesmo se, uma vez casados, percebemos que não somos fundamentalmente mais felizes (de fato, o casamento nos torna mais felizes, mas por um período limitado de aproximadamente 5 anos, dizem os especialistas).

POR QUE ACONTECE ISSO?

Para descobrir, tente fazer o seguinte jogo (que você certamente conhece dos tempos de infância). Cada jogador deve repetir o que disse o precedente acrescentando um elemento à lista:

➤➤ Tenho um banquinho.

➤➤ Tenho um banquinho e uma mesa.

➤➤ Tenho um banquinho, uma mesa e uma cadeira.

➤➤ Tenho um banquinho, uma mesa, uma cadeira e uma cama.

➤➤ Tenho um banquinho, uma mesa, uma cadeira, uma cama e um armário.

➤➤ Tenho um banquinho, uma mesa, uma cadeira, uma cama, um armário e uma bicicleta.

➤➤ Tenho um banquinho, uma mesa, uma cadeira, uma cama, um armário, uma bicicleta e um rádio.

➤➤ Tenho um banquinho, uma mesa, uma cadeira, uma cama, um armário, uma bicicleta, um rádio e uma TV.

➤➤ Tenho um banquinho, uma mesa, uma cadeira, uma cama, um armário, uma bicicleta, um rádio, uma TV e um telefone.

➤➤ Tenho um banquinho, uma mesa, uma cadeira, uma cama, um armário, uma bicicleta, um rádio, uma TV, um telefone e um carro.

➤➤ Tenho um banquinho, uma mesa, uma cadeira, uma cama, um armário, uma bicicleta, um rádio, uma TV, um telefone, um carro e uma bela casa com 12 cômodos com piscina coberta, *jacuzzi* e quadra de tênis externa...

Você compreendeu: toda vez que nosso conforto melhora, temos uma nova referência e esquecemos como era antes. Nos adaptamos...

A palavra-chave é:

ADAPTAÇÃO

Nos adaptamos às situações em que vivemos, de tal forma que o que nos torna felizes no início acaba por se tornar um hábito e não nos torna mais felizes. É como a dependência das pessoas toxicodependentes.

Avalie os efeitos da adaptação hedônica[2].

Compre um delicioso sorvete com os sabores que você mais gosta.

---

2. Dos prazeres.

Numa escala de prazer, anote a evolução de seu gosto em tempo real:

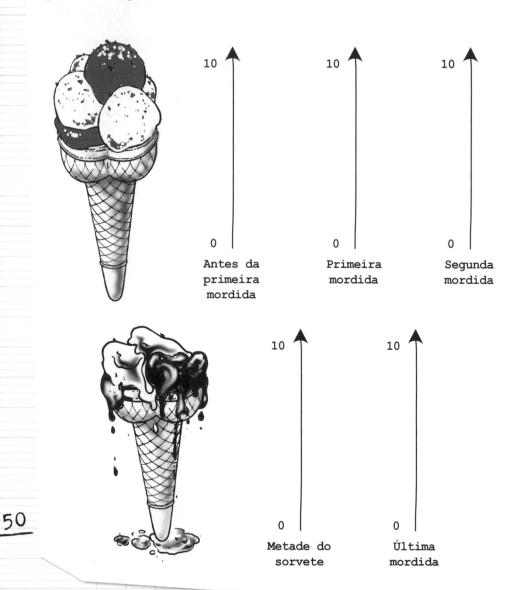

A adaptação, no entanto, não é somente negativa! Ela age tanto no sentido de atenuar o prazer, depois de um acontecimento feliz, como no de atenuar o desgosto, depois de acontecimentos infelizes!

Várias pessoas doentes ou acidentadas demonstram uma felicidade maior, ou mais intensa, do que ocorria antes do drama... Por isso, nossa felicidade depende muito mais de nossa **atitude mental** do que das ocorrências em nossa vida!

Conselho!
Adote o espírito de gratidão em sua vida, isso neutraliza os efeitos anestesiantes da adaptação hedônica.

Você é feliz?

A seguir, um instrumento que permite medir precisamente o seu grau de felicidade na vida. Ele foi aperfeiçoado pela professora de Psicologia Positiva Sonja Lyubomirsky, da Universidade da Califórnia.

Instruções:

Você encontrará a seguir algumas constatações relativas à felicidade. Indique de que maneira elas refletem ou não sua opinião. Utilize a escala:

1	2	3
Discordo totalmente	Discordo	Discordo parcialmente

4	5	6
Nem discordo nem concordo	Concordo parcialmente	Concordo totalmente

___ 1 Não estou muito satisfeito(a) com minha personalidade.

___ 2 Sou extremamente interessado(a) pelos outros.

___ 3 Tenho a impressão de que a vida me dá muita coisa.

___ 4 A maioria das pessoas me traz bons sentimentos.

___ 5 É raro me sentir descansado(a) quando acordo.

_____ **6** Não me sinto muito otimista quanto ao futuro.

_____ **7** A maior parte das coisas me diverte.

_____ **8** Nada, ou quase nada, me é indiferente.

_____ **9** A vida é bela.

_____ **10** Não vivemos de fato no melhor dos mundos.

_____ **11** Dou boas risadas frequentemente.

_____ **12** Estou, no geral, satisfeito(a) com minha vida.

_____ **13** Não creio ser muito sedutor(a).

_____ **14** Há um abismo entre o que eu gostaria de fazer e o que faço.

_____ **15** Sou muito feliz.

_____ **16** Às vezes, encontro beleza no que vejo.

_____ **17** Minha presença é reconfortante para os outros.

___ 18 Sempre encontro tempo para fazer o que tenho de fazer.

___ 19 Tenho a impressão de que não controlo minha vida.

___ 20 Sinto-me capaz de realizar qualquer coisa.

___ 21 Estou sempre atento(a) ao que acontece.

___ 22 Frequentemente sinto alegria e contentamento.

___ 23 Tenho problemas para tomar decisões.

___ 24 De fato, não tenho a impressão que minha vida tenha sentido.

___ 25 Tenho muita energia.

___ 26 Frequentemente influencio os fatos de maneira feliz.

____ **27** Os outros não me divertem.

____ **28** Não tenho a impressão de estar com boa saúde.

____ **29** Não tenho uma lembrança boa do passado.

Respostas:

Primeira etapa: Inverta o resultado obtido para os itens 1, 5, 6, 10, 13, 14, 19, 23, 24, 27, 28 e 29.

Nessas questões, 6 se tornará 1, 5 se tornará 2, 4 se tornará 3, 3 se tornará 4, 2 se tornará 5 e 1 se tornará 6.

Segunda etapa: adicione todos os pontos (com as correções) e calcule seu escore dividindo por 29.

O escore médio está entre 4.3. Você está na média?

de Psicologia Positiva

Todas as ciências possuem seus personagens famosos.

Você saberia ligar os nomes marcantes da Psicologia Positiva (no momento, só nomes americanos!) às descobertas e trabalhos?

Mihaly Csikszentmihalyi
(pronuncia-se Tchi-sent-mi-ali)

Tal Ben-Shahar

Sonja Lyubomirsky

Jon Kabat-Zinn

Martin Seligman

Edward Diener

1) Somos capazes de aprender o otimismo.

2) A meditação da consciência plena contribui para o bem-estar.

3) Quando estamos concentrados vivemos o fluxo, e isso nos alegra.

4) Atingimos a felicidade quando fazemos coisas que têm sentido para nós.

5) É possível aumentar em 40% nosso grau de felicidade.

6) A felicidade pode ser medida e analisada cientificamente.

Respostas:

Martin Seligman (1)
Considerado pai da Psicologia Positiva. Formulou o conceito de impotência adquirida; especialista da depressão, voltou-se para a aprendizagem do otimismo.

Mihaly Csíkszentmihályi (3)
Consagrou sua vida ao estudo da noção de experiência ótima ou fluxo: quando estamos totalmente concentrados, nossas preocupações desaparecem ao mesmo tempo em que nossa eficiência é máxima.

Tal Ben-Shahar (4)
Professor de Psicologia Positiva em Harvard. Afirma que a felicidade é constituída pelo prazer e pelo sentido que damos a nossas ações. Ajudou a difundir a Psicologia Positiva, principalmente na Europa, por meio de suas obras.

Jon Kabat-Zinn (2)

Introduziu a meditação da consciência plena no campo da psicologia, em particular como ferramenta de gestão do estresse.

Sonja Lyubomirsky (5)

Participou de inúmeras pesquisas sobre a felicidade. Escreveu, principalmente, sobre a parte genérica da felicidade, avaliada em 50%.

Edward Diener (6)

Pesquisador, publicou muitos artigos sobre o bem-estar e a felicidade em revistas especializadas, contribuindo para estabelecer a cientificidade da disciplina.

O portfólio da felicidade

Temos tudo o que é preciso para ser felizes. Mas temos tendência a esquecer disso.

Para limitar essa tendência ao esquecimento (e à adaptação hedônica), faça um portfólio da felicidade.

Pegue um caderno e coloque nele todos os elementos que simbolizam suas conquistas, sucessos, fontes de satisfação; enfim, tudo o que contribuiu para a sua felicidade atual: fotos, cartas, cartão-postal, lembranças, passagens aéreas etc.

Se você está familiarizado com as novas tecnologias, pode fazer no computador.

E se a felicidade consistisse em fazer mais do que já fazemos bem, fazer mais do que amamos fazer?

Não hesite em consultar o portfólio todas as semanas.

Quando estiver de mau humor, esse é um bom remédio.

Você poderia dar um título ao portfólio:

ADMINISTRANDO O BEM-ESTAR

Temos capacidade para aprender muitos métodos de gerenciamento do estresse e das emoções desagradáveis.

Aqui mostramos um método para gerenciar o bem-estar.

Faça uma lista dos elementos que permitiriam levantar seu humor.

Você pode acessá-la quando começar a ter pensamentos pessimistas...

Coisas para incrementar o humor:

- ver um filme engraçado

- oferecer um presente a si mesmo

- telefonar para um amigo

- ler um livro positivo e inspirador

-

-

-

-

-

-

PARA ME DESPEDIR...

No final deste pequeno caderno de exercícios deixo uma frase para incentivar a meditação. Ela pertence a Christophe André, psicólogo positivo francês:

> *"A felicidade é o bem-estar do qual tomamos consciência."*

Não deixemos escapar essa consciência...

Coleção Praticando o Bem-estar
Selecione sua próxima leitura

- [ ] Caderno de exercícios para aprender a ser feliz
- [ ] Caderno de exercícios para saber desapegar-se
- [ ] Caderno de exercícios para aumentar a autoestima
- [ ] Caderno de exercícios para superar as crises
- [ ] Caderno de exercícios para descobrir os seus talentos ocultos
- [ ] Caderno de exercícios de meditação no cotidiano
- [ ] Caderno de exercícios para ficar zen em um mundo agitado
- [ ] Caderno de exercícios de inteligência emocional
- [ ] Caderno de exercícios para cuidar de si mesmo
- [ ] Caderno de exercícios para cultivar a alegria de viver no cotidiano
- [ ] Caderno de exercícios e dicas para fazer amigos e ampliar suas relações
- [ ] Caderno de exercícios para desacelerar quando tudo vai rápido demais
- [ ] Caderno de exercícios para aprender a amar-se, amar e – por que não? – ser amada)
- [ ] Caderno de exercícios para ousar realizar seus sonhos
- [ ] Caderno de exercícios para saber maravilhar-se
- [ ] Caderno de exercícios para ver tudo cor-de-rosa
- [ ] Caderno de exercícios para se afirmar e – enfim – ousar dizer não
- [ ] Caderno de exercícios para viver sua raiva de forma positiva
- [ ] Caderno de exercícios para se desvencilhar de tudo o que é inútil
- [ ] Caderno de exercícios de simplicidade feliz
- [ ] Caderno de exercícios para viver livre e parar de se culpar
- [ ] Caderno de exercícios dos fabulosos poderes da generosidade
- [ ] Caderno de exercícios para aceitar seu próprio corpo
- [ ] Caderno de exercícios de gratidão
- [ ] Caderno de exercícios para evoluir graças às pessoas difíceis
- [ ] Caderno de exercícios de atenção plena
- [ ] Caderno de exercícios para fazer casais felizes
- [ ] Caderno de exercícios para aliviar as feridas do coração
- [ ] Caderno de exercícios de comunicação não verbal
- [ ] Caderno de exercícios para se organizar melhor e viver sem estresse
- [ ] Caderno de exercícios de eficácia pessoal
- [ ] Caderno de exercícios para ousar mudar a sua vida
- [ ] Caderno de exercícios para praticar a lei da atração
- [ ] Caderno de exercícios para gestão de conflitos
- [ ] Caderno de exercícios do perdão segundo o Ho'oponopono
- [ ] Caderno de exercícios para atrair felicidade e sucesso
- [ ] Caderno de exercícios de Psicologia Positiva
- [ ] Caderno de exercícios de Comunicação Não Violenta
- [ ] Caderno de exercícios para se libertar de seus medos
- [ ] Caderno de exercícios de gentileza
- [ ] Caderno de exercícios de Comunicação Não Violenta com as crianças
- [ ] Caderno de exercícios de espiritualidade simples como uma xícara de chá
- [ ] Caderno de exercícios para praticar o ho'oponopono
- [ ] Caderno de exercícios para convencer facilmente em qualquer situação
- [ ] Caderno de exercícios de arteterapia